Fiche de lecture

Document rédigé par Elena Pinaud
Titulaire d'un master 2 en lettres modernes
(Université de Reims Champagne-Ardenne)

Le Blé en herbe

Colette

lePetitLittéraire.fr

Rendez-vous sur lePetitLittéraire.fr et découvrez :

- plus de 1200 analyses
- claires et synthétiques
- téléchargeables en 30 secondes
- à imprimer chez soi

Code promo : LPL-PRINT-10

10 % DE RÉDUCTION SUR www.lePetitLittéraire.fr

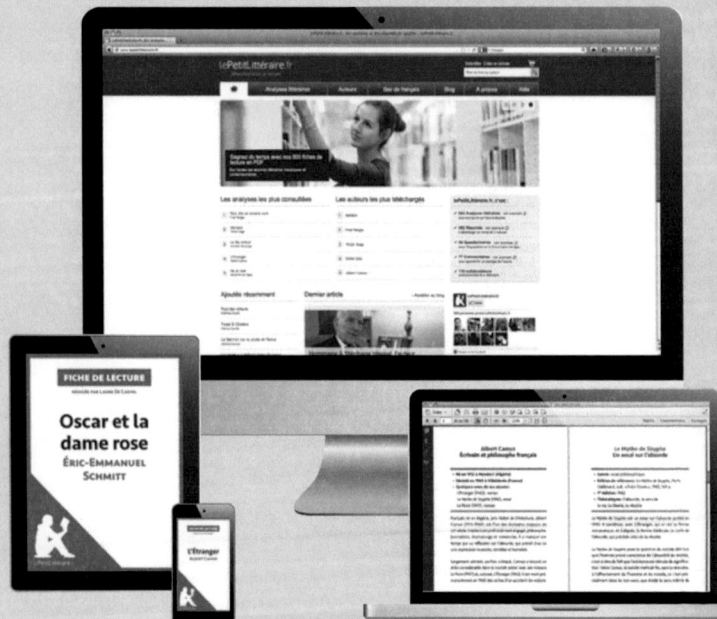

RÉSUMÉ 7
Un été comme les autres
Une rencontre troublante
L'heure des aveux

ÉTUDE DES PERSONNAGES 12
Vinca
Phil
Mme Dalleray
Lisette
Les parents

CLÉS DE LECTURE 17
La découverte de l'amour
Dans le sillage des histoires d'amour littéraires
Un regard sur la société bourgeoise du début du XXe siècle
Le style
Le côté pédagogique

PISTES DE RÉFLEXION 23

POUR ALLER PLUS LOIN 25

Le Blé en herbe
Un roman d'initiation à l'amour physique

- **Genre :** roman
- **Édition de référence :** *Le Blé en herbe*, Paris, Flammarion, 1990, 189 p.
- **1re édition :** 1924
- **Thématiques :** enfance, amitié, adolescence, amour platonique et amour charnel, jalousie, résignation, convoitise, égarement

Le Blé en herbe parait tout d'abord sous forme de feuilleton, de 1922 à 1923, dans le journal *Le Matin*, dont Colette est la directrice littéraire. Il est publié l'année suivante chez Flammarion.

Adapté au cinéma par Claude Autant-Lara en 1954, *Le Blé en herbe* traite d'un sujet délicat : le passage de l'innocence de l'enfance aux tourments de l'adolescence. Cette période de la vie implique, entre autres, la découverte de l'amour physique, de la jalousie, du désespoir et de l'abandon.

RÉSUMÉ

L'été de leurs 15 et 16 ans respectivement, Vinca et Philippe, des amis d'enfance, réalisent qu'ils ne sont plus des enfants et deviennent amants pour une nuit, évènement sur lequel se clôt le roman.

UN ÉTÉ COMME LES AUTRES

Tout avait pourtant commencé comme d'habitude. En effet, depuis leur plus jeune âge, ils passent leurs vacances d'été ensemble, en Bretagne. Leurs parents y louent une villa au bord de la mer. Les enfants des deux familles, Phil, Vinca et Lisette, la jeune sœur de cette dernière, vont à la pêche, se baignent, se promènent et jouissent de la nature, pendant que leurs parents profitent de l'ombre de la maison.

Phil et Vinca s'aiment d'un amour platonique et projettent de se marier. Pour Phil, la jeune fille est :

- celle avec qui il s'imagine déjà former une famille, avec Lisette comme enfant, dans un précoce désir de paternité ;
- celle qu'il épie et à qui il trouve « une sérénité de petit garçon » (p. 32), jusqu'à ce que les commentaires admiratifs d'un visiteur le poussent à regarder son amie d'un œil différent : « La ruse lui venait avec la coquetterie [...] Je m'étais trompé, s'avoua-t-il. Elle est très jolie. Voilà du nouveau. » (p. 41)

Vinca est résignée à marcher dans les pas de sa mère (« Maman a dit [...] que, jusqu'à ce que je me marie, j'ai de quoi m'occuper », p. 48), et cela lui suffit (« en attendant » ; « Puisqu'on n'a que quinze et seize ans » ; « Puisqu'on est forcé d'attendre », p. 40).

UNE RENCONTRE TROUBLANTE

Cette année-là, la rencontre fortuite entre Phil et Camille Dalleray vient bouleverser la routine de leurs vacances. Mme Dalleray est une Parisienne beaucoup plus âgée que le garçon. Elle l'interpelle un jour pour lui demander le chemin vers la villa Ker-Anna, qu'elle loue.

Phil est troublé par l'attitude qu'a envers lui cette femme toute de blanc vêtue (« Prenez garde, je vais vous tutoyer : vous paraissez douze ans, quand vous riez » ; « Lumineuse explication [...] » ; « Qui est Vinca ? » ; « Au revoir, Monsieur... ? », p. 53-54). Est-elle condescendante ou le traite-t-elle comme un homme ?

Bientôt, elle l'invite à boire des rafraichissements dans l'obscurité de sa cave. Elle l'intimide et le séduit par des phrases impératives et froides : « Je n'aime que les mendiants et les affamés, Monsieur Phil. Si vous revenez, revenez la main tendue... Allez, allez, Monsieur Phil ! » (p. 92)

Phil finit par s'initier à l'érotisme avec Mme Dalleray et il lui rend visite plusieurs fois, la nuit, en cachette. Elle le trouble tellement qu'il s'interroge sur l'impact de cette relation sur son évolution en tant qu'homme :

> « Qu'avait-il donc conquis, la nuit dernière, dans l'ombre parfumée, entre des bras jaloux de le faire homme et victorieux ? Le droit de souffrir ? Le droit de défaillir de faiblesse […] ? » (p. 113)

Ces pensées le font pleurer devant Vinca, cette « enfant innocente », sans qu'il lui en explique la raison, car il veut lui épargner cette aventure. Mais en réalité, Vinca s'était rendu compte des exploits de son ami et, même si elle ne le lui reproche pas directement, elle fait des remarques suggestives :

> « Oh ! Phil, je t'aime toujours. Malheureusement, ça n'y change rien. […] Tu te souviens des scènes que tu me faisais, et des miennes, il n'y a pas trois semaines, parce que nous nous impatientions d'avoir quatre ans, cinq ans à nous morfondre avant de nous marier ? » (p. 119-120)

Alors que Phil n'attend que « le noir bonheur, la mort atteinte par degrés, la vie recouvrée par lents coups d'aile » (p. 120) de la chambre de Mme Dalleray, Vinca continue à vaquer à ses occupations avec l'air d'une femme résignée : pour aider sa mère, elle s'occupe de sa sœur cadette Lisette, elle fait le tri des vêtements usés et réfléchit déjà à sa garde-robe pour la rentrée.

De son côté, la famille de Phil remarque des changements dans le comportement du jeune homme, sans pour autant soupçonner de quoi il s'agit : « Il subit des compliments sur sa pâleur poétique, des critiques sur son silence et son manque d'appétit. » (p. 111)

L'HEURE DES AVEUX

Lorsque Phil reçoit un message de la part de Mme Dalleray par le biais d'un petit garçon du coin, il est pris de panique : son amante venait de rentrer à Paris sans qu'il ait eu la possibilité de la voir une dernière fois. Il a envie de poursuivre la voiture de la dame en blanc, mais il hésite, en se disant qu'elle était sa « maîtresse » et non son « amour » (p. 144). Mais il réalise avec dépit que, depuis son enfance, « elle seule m'a donné. Donné. Elle seule pouvait reprendre, elle a repris » et que « c'est cette nuit-là que je voulais, justement ! » (p. 145).

Suite à cet épisode, Phil se sent obligé de parler de son aventure à Vinca, son amie de toujours. Celle-ci, malgré son air absent, avait pressenti quelque chose en apercevant Phil parler à Mme Dalleray pour la première fois. En outre, le petit messager du départ précipité de Mme Dalleray vient d'abord la voir, elle, avant de trouver Phil. Elle a donc le temps de digérer l'information. Elle pense tout d'abord pouvoir passer outre la trahison de son ami, qu'elle avait déjà commencé à voir comme un homme, son homme commis d'office ; néanmoins, quand elle entend les aveux de Phil, l'humiliation subie la pousse à le frapper « d'un poing si imprévu et si garçonnier qu'il faillit tomber sur elle » (p. 159). Elle avale l'amertume de n'être « la première en rien » (p. 160) pour Phil, elle le berce maternellement quand il se sent mal et, pleine de fausse assurance, se prépare pour le dîner.

La nuit, ni l'un ni l'autre ne peut dormir et ils sortent se promener dans le potager. Ils vivront leur nuit d'amour sur une couche de sarrasin. Le lendemain matin, tandis que Phil se pose des questions amères sur ce que les nuits d'amour avec Mme Dalleray et avec Vinca lui ont donné et sur ce que lui a pu offrir aux deux femmes, Vinca apparait à sa fenêtre et chante, heureuse.

ÉTUDE DES PERSONNAGES

VINCA

Vinca est une adolescente de « quinze ans tourmentée d'amour pour son compagnon d'enfance » (p. 38). Blonde aux yeux dont le bleu rivalise avec celui du ciel, elle leur doit son nom, celui-ci signifiant « pervenche », une fleur printanière bleue.

Bien qu'elle s'adonne aussi à des activités plus masculines, comme la pêche, Vinca occupe ses journée avec des tâches qu'une jeune fille de son milieu est censée effectuer :

> « [Elle] cueillait au jardin des viornes et des clématites pelucheuses pour la table ; au potager, les premières poires et les derniers cassis ; elle servait le café, tendait […] l'allumette enflammée, coupait et cousait des petites robes pour Lisette […]. » (p. 67)

Ainsi, à la demande de sa mère, elle range la remise avant le départ pour Paris, patiemment et avec résignation, « comme font les vraies ouvrières » (p. 131), quoique dépitée par la trahison de Phil. C'est sa manière d'être, car « Vinca ne sait que se taire, souffrir de ce qu'elle tait, de ce qu'elle voudrait apprendre » (p. 32-33).

Phil observe Vinca « sans gratitude » (p. 132), et une comparaison avec Mme Dalleray s'impose à lui, comparaison qui ne lui venait pas à l'esprit lorsqu'il se trouvait avec la dame en blanc. Là où cette dernière se montre impérieuse,

Vinca, telle une « femme sagace, mûrie dans les calculs et les concessions du grand amour » (p. 134), se contente de la présence de son ami à côté d'elle.

L'assurance et la modération la caractérisent, même suite aux aveux de trahison de Phil : « Je te parle tranquillement », dit-elle, en lui rappelant qu'il est en faute (p. 169). Mais si elle reste calme devant lui, intérieurement, elle se déchaine : « Elle l'apostrophait en elle […] et s'écria, au fond d'elle-même : "Ah ! Pourquoi es-tu né !", comme une héroïne du drame éternel. » (p. 165)

Elle est à l'âge où elle n'est plus tout à fait une jeune fille et pas encore une femme, bien qu'elle-même se considère comme telle et parle de « nous, les femmes » et de « vous les hommes » (p. 43-44). L'image que Phil a d'elle après ses aveux témoigne de cet entredeux :

> « Une amante, de tout blessée, assez magnifique pour tout pardonner, resplendissait dans le haut du visage de Vinca ; une petite fille désolée, un peu comique, grimaçait gentiment par sa bouche et son menton tremblant. » (p. 162)

Elle se présente elle-même comme un archétype de la femme, une sorte d'Ève moderne, complètement pure mais prête à pécher : « Est-ce que tu ne crois pas que j'en sais autant que la première femme qu'il [Dieu] a créée ? » (p. 170)

PHIL

Philippe, surnommé Phil, est un adolescent de 16 ans et demi, dominateur, « né pour la chasse et la tromperie, [qui] habille de mystère son mutisme, et s'arme de tout ce qui le gêne » (p. 32). Très sûr de lui, il montre « son dédain de joli garçon et son exigence de propriétaire précoce » (p. 38). Il tient pour acquis que Vinca lui est promise et soumise : « Il la voulait confiante, promise à lui seul, et disponible » (p. 33) ; il se sentait « originairement comblé, puisqu'il possédait une femme » (p. 70). À l'aise devant ses amies Vinca et Lisette, il a cependant besoin d'être admiré (« [...] cachant le plaisir qu'il ressentait lorsque son amie l'admirait. Il se savait beau à cette minute », p. 70).

Son avenir est tout tracé : il passera son baccalauréat, fera des études de droit ou reprendra le magasin de son père et travaillera avec des industriels, et fera son service militaire. Mais la rencontre de Mme Dalleray bouleverse totalement ses certitudes. Il comprend que les nuits passées avec elle ont marqué un clivage dans son existence (« c'était avant » ; « je me souviens que c'était un peu après », p. 140).

Tout comme Vinca, il n'a pas encore passé le seuil de l'âge adulte. Vinca le comprend en le détaillant après ses aveux :

> « Elle contempla [...] les traits qui seraient [...] plus tard, ceux d'un homme brun assez banalement agréable, mais que la dix-septième année, pour un peu de temps encore, retenait en deçà de la virilité. » (p. 166-167)

Même Mme Dalleray, son amante, en est consciente : pour elle, il reste « cet enfant » (p. 125), un « petit bourgeois timoré » qui « se gourme » – c'est-à-dire qui se raidit – (p. 128) aussitôt qu'elle lui pose des questions sur sa famille ou sur Vinca.

MME DALLERAY

Camille Dalleray est une femme mariée d'une trentaine d'années, qui passe seule ses vacances à la mer, et sur laquelle même Phil n'apprend presque rien, car elle est « impénétrable comme sont les êtres calmes, dont le maximum d'expression ne dépasse pas l'ironie tempérée, le sourire et la gravité » (p. 125).

Toujours habillée de blanc, elle incarne une présence fantomatique, une séductrice qui, telle une sirène, enchante Phil d'un « chant qui venait, écho affaibli, des profondeurs où la vie est une convulsion terrible » (p. 124).

Dans leur relation, c'est elle qui domine : « Celle-là ne savait qu'ordonner, et conduire avec une dureté dissimulée celui qu'elle élevait au rang de mendiant et d'affamé. » (p. 97) C'est elle qui initie Phil à l'érotisme, une rencontre selon lui inévitable et normale dans la vie d'un garçon, puisqu'il considère avoir fait ce que font « tous les garçons de [s]on âge » (p. 168).

LISETTE

Lisette, la sœur cadette de Vinca, « brill[e] de couleurs nettes et véridiques » (p. 67). Elle ressemble beaucoup à Vinca, ce qui fait dire à cette dernière que si elle mourrait, Phil pourrait avoir Lisette.

LES PARENTS

Les parents de Vinca, M. et Mme Ferret, et de Phil, M. et Mme Audebert, sont des « Ombres », « vaines » (p. 78) ou « familiales » (p. 115), que les enfants ignorent la plupart du temps et qui se préoccupent des choses matérielles, comme les affaires, les repas, les boissons ou les jeux. Leurs paroles ont le « doux parfum fade de simples séchées » (p. 174-175).

Néanmoins, le lecteur entend indirectement les paroles de la mère de Vinca, cette dernière la citant de temps à autre comme modèle : « Maman a dit [...] qu'elle a des rhumatismes, que Lisette n'a que huit ans, et que [...] j'ai de quoi m'occuper chez nous, que bientôt je tiendrai les comptes de la maison, je devrai diriger l'éducation de Lisette, les domestiques » (p. 48).

De son côté, M. Audebert, le père de Phil, représente le modèle masculin à suivre de l'époque – un homme d'affaires prospère – mais, même s'il essaie de s'ouvrir à son fils, il reste « parmi les Ombres » (p. 147).

CLÉS DE LECTURE

LA DÉCOUVERTE DE L'AMOUR

Vinca et Phil pressentent que cet été-là est celui d'un tournant dans leur existence : « Le bain quotidien, joie silencieuse et complète, rendait à leur âge difficile la paix et l'enfance, toutes deux en péril. » (p. 37)

Néanmoins, les deux protagonistes vivent leur initiation à l'amour différemment, leurs attentes étant différentes, ainsi que leurs perspectives – masculine et féminine. Le lendemain de sa première nuit avec Mme Dalleray, paradoxalement, Phil ne ressent que des doutes et du désarroi :

> « Il ouvrit les volets avec la hâte d'affronter, dans un miroir, sa nouvelle figure d'homme. [...] Il vit [...] des traits plaintifs, et moins pareils à ceux d'un homme qu'à ceux d'une jeune fille meurtrie. » (p. 107)

Au contraire, la réaction de Vinca après leur nuit d'amour laisse Phil perplexe, car elle semble comblée : « Le sourire et la rougeur éclatèrent ensemble sur son visage [...] Elle consulta le ciel frais et bleu [...] et se mit à chanter une chanson qu'elle chantait tous les jours. » (p. 186-187)

DANS LE SILLAGE DES HISTOIRES D'AMOUR LITTÉRAIRES

L'évolution de l'histoire d'amour entre Vinca et Phil n'est pas sans en rappeler une autre, celle de *Daphnis et Chloé*, un roman de l'écrivain grec Longus (IIe ou IIIe siècle apr. J.-C.), qui illustre l'amour naissant entre ces deux adolescents, recueillis et élevés par deux familles de bergers. Tombés amoureux l'un de l'autre mais ignorants en ce domaine, ils ne vivront leur amour qu'après l'initiation de Daphnis. Colette y fait une allusion directe : « Moins ignorant que Daphnis, Philippe révérait et rudoyait Vinca en frère mais la chérissait comme si on les eût, à la manière orientale, mariés dès le berceau. » (p. 61) L'idée de la prédestination y est comprise et elle est renforcée par la phrase « elle est à moi » (p. 62), que Philippe répète comme un leitmotiv.

Colette évoque en outre des symboles amoureux de la littérature médiévale et romanesque, en particulier ceux qui suggèrent la pureté protégée par les épines, la souffrance ou l'amour déchu :

> « C'est là qu'un jour Philippe avait botté en cachette une gerbe de chardons en fleurs, épineux hommage jeté par-dessus le mur de Ker-Anna [...]. Aujourd'hui, les fleurs sèches [...] semblaient brûlées [...]. Philippe s'y arrêta un moment, trop jeune pour sourire du sens mystérieux que l'amour prête à la fleur morte, à l'oiseau blessé, à la bague rompue, et il secoua son mal [...]. » (p. 137)

Le thème de l'amour lié à la mort provient également de la mythologie et renaît fréquemment sous les plumes romantiques : l'image antique de la jeune fille qui mélange le désir d'érotisme et le désir de mort est récurrente dans la littérature. Cette idée suggère par ailleurs que la mort pourrait figer la jeune fille à un âge où elle est resplendissante ; le temps n'aura plus de prise sur elle. Ce thème est illustré par l'épisode où Vinca, bien qu'enlacée par Phil, se laisse glisser dans l'eau dans le désir de mourir. Phil en est conscient, mais le fait de sentir le corps de son amie déclenche d'autres pensées, plus sensuelles :

> « Faut-il partir pour l'autre monde sans avoir véritablement possédé tout cela, qui naquit pour moi ? [...] Elle le contempla debout, au-dessus d'elle, le vit résolu, impatient, et comprit que l'heure de mourir était passée. [...] Elle cria : "Tu ne m'aimes pas assez, Phil, tu ne m'aimes pas assez !" [...] Il rougit et baissa la tête, coupable d'avoir – alors qu'elle glissait vers le lieu où l'amour ne tourmente plus, avant le temps, ses victimes – traité son amie comme l'épave précieuse et scellée dont le secret seul importe, et refusé Vinca à la mort. » (p. 63-64)

De son côté, Phil aussi ressent l'érotisme comme un désir de mort : les bras de Mme Dalleray le font plonger dans « le noir bonheur, la mort atteinte par degrés » (p. 120). Ce thème rappelle également un amour impossible et le moyen d'y mettre fin : les héros de William Shakespeare (1564-1616), Roméo et Juliette, y pensent également.

À cela s'ajoute l'allusion à l'importance formatrice de la littérature : quand il est au plus mal à cause du tourbillon de sentiments causés par Mme Dalleray, Phil se tourne vers la littérature pour y chercher des héros ayant vécu des expériences similaires afin de trouver des solutions. En vain cependant.

> « Les romans emplissent cent pages, ou plus, de la préparation à l'amour physique, l'évènement lui-même tient en quinze lignes, et Philippe cherchait en vain, dans sa mémoire, le livre où il est écrit qu'un jeune homme ne se délivre pas de l'enfance et de la chasteté par une seule chute, mais qu'il en chancelle encore, par oscillations profondes et comme sismiques, pendant de longs jours. » (p. 136-137)

Le lecteur peut saisir une pincée de bovarysme dans l'attitude de Phil, ceci désignant le comportement d'une personne que l'insatisfaction entraine à des rêveries compensatoires, principalement au travers de romans.

UN REGARD SUR LA SOCIÉTÉ BOURGEOISE DU DÉBUT DU XXe SIÈCLE

Les familles Ferret et Audebert appartiennent à la société bourgeoise du début du XXe siècle. Vinca et Phil font, quant à eux, partie d'une génération qui essaie de se démarquer de leurs parents, riches propriétaires ou industriels du début du XXe siècle coincés dans leur routine et dans leurs préoccupations matérielles. Ils les appellent « les Ombres », devant lesquelles ils prennent des visages neutres. Ils ne communiquent pas avec eux ou les approuvent sans s'impliquer. Néanmoins, ce sont les Ombres qui assurent leur confort (« Il y en a de plus malheureux que toi », explique M. Audebert à son fils, p. 147).

En répétant le discours de sa mère, Vinca précise la vision sur la femme bourgeoise à cette époque-là : se marier, s'occuper des enfants et de la maison.

De son côté, Phil doit reprendre les affaires de son père, qui lui fait part de ses projets d'acheter la villa qu'ils louent régulièrement au bord de la mer et de lui léguer son magasin, sans vraiment le consulter, car il s'agit pour lui du cours normal des choses.

LE STYLE

La métaphore du titre

Le blé en herbe est celui qui n'est pas encore mûr pour la récolte. Ce titre fait référence aux deux héros de Colette, adolescents pressés de passer à l'âge adulte. Colette dépeint avec intérêt ces jeunes gens qui rappellent le blé en herbe, surpris à l'époque de l'éclosion : c'est une période à la fois belle et dramatique, qui induit des questionnements, des tourments et des bonheurs. Ce moment constitue le passage de l'enfance à l'âge adulte et suggère l'amour naissant. Même si Vinca et Phil, pareils au blé en herbe, ne sont pas encore arrivés à pleine maturité, ils vivent un moment fondateur de la personnalité.

La métaphore du titre est reprise pour illustrer l'état de Vinca après les aveux de Phil, qui dégage « une odeur de femme [...] apparentée [...] au blé vert écrasé » (p. 162), ce qui évoque à la fois la pureté et l'anéantissement.

Le narrateur omniscient

Dans ce roman, Colette adopte un point de vue omniscient. La narration se base sur la focalisation zéro : le narrateur connait tous les détails sur la psychologie des protagonistes, sur la progression de leurs sentiments et sur les évènements, où qu'ils se produisent. Il connait la nature et la profondeur de leurs émotions, savoir qu'il partage avec le lecteur, par exemple au travers de cette question rhétorique : « Mais faut-il nommer novice l'adolescent que l'amour a, dès l'enfance, sacré homme et gardé pur ? » (p. 97)

Le style est descriptif et analytique : le narrateur détaille les états d'esprit des héros et se lance dans l'analyse approfondie de leurs tourments. Pour cela, Colette a recours à des métaphores et à des comparaisons évocatrices : Vinca est « comme une héroïne du drame éternel » (p. 165) ; elle s'applique comme « les ouvrières » (p. 131) ; Phil veut partir à la poursuite de Mme Dalleray « comme un mendiant de la route » (p. 164).

LE CÔTÉ PÉDAGOGIQUE

En décortiquant le passage de l'enfance vers l'âge adulte à travers l'érotisme, d'une perspective à la fois féminine et masculine, le roman revêt une portée pédagogique.

Colette se penche en effet sur une période de la vie qui marque à jamais les adolescents : la découverte de l'amour charnel, période bouleversante et exaltante à la fois. Ainsi, ce livre accompagne et chérit ce moment inévitable de l'éclosion, souvent source d'angoisse car, pour devenir adulte, il faut sortir de la bulle familiale et surtout rompre avec l'innocence de l'enfance.

Dans les années vingt, à une époque assez pudique, l'auteure donne l'impression de s'adresser à ceux, jeunes garçons ou jeunes filles, qui n'osent pas parler de leurs tourments ou questionner leur entourage. Tel un guide spirituel, elle décrit cette aventure dans son roman afin que ses jeunes lecteurs puissent y trouver des réponses.

PISTES DE RÉFLEXION

QUELQUES QUESTIONS
POUR APPROFONDIR SA RÉFLEXION...

- Commentez l'extrait suivant, en vous référant aux visions et aux idéaux des deux protagonistes, ainsi qu'à leur manière de s'intégrer dans leur milieu familial :

  > « [Phil et Vinca] refermèrent, ensemble, le judas pas lequel, retranchés dans l'amour, ils communiquaient parfois avec la vie réelle. Ils envièrent, pareillement, la puérilité de leurs parents, leur facilité au rire, leur foi dans un avenir paisible. [...] Vinca [...] quitta les Ombres vaines, pour rejoindre Philippe sur un chemin où ils cachaient leurs traces et où ils sentaient qu'ils pouvaient périr de porter un butin trop lourd, trop riche et trop tôt conquis. » (p. 77-78)

- Présentez les différentes figures de femmes et d'hommes des différentes générations, telles qu'elles sont évoquées par Colette.
- Comparez les relations amoureuses que Phil entretient avec Vinca et avec Mme Dalleray.
- Comment expliquez-vous la réaction de Vinca en découvrant l'aventure amoureuse de Phil ?
- En quelle mesure le récit de la relation entre Vinca et Phil s'inscrit-il dans une tradition littéraire des histoires d'amour tourmenté ?

- Argumentez la tentation de la mort par amour, tout en sachant que si Vinca était prête à mourir avant la trahison de Phil, après les aveux de ce dernier, elle ne l'envisage absolument pas :

  > « [...] je ne me tuerai pas à cause de cette femme-là ! Il y a six semaines... Oui, je me laissais glisser, là, jusqu'en bas, et je t'entraînais. Mais ce jour-là, c'était pour toi, que je mourais, et pour moi... pour moi... » (p. 157)

- Commentez le dernier paragraphe du roman et imaginez l'évolution des protagonistes, après leur nuit d'amour :

  > « De la fenêtre vide venait un fredon faible et heureux, qui ne le toucha pas. Il ne songea pas non plus que dans quelques semaines l'enfant qui chantait pouvait pleurer, effarée, condamnée, à la même fenêtre. Il cacha son visage au creux de son bras accoudé et contempla sa propre petitesse, sa chute, sa bénignité. "Ni héros, ni bourreau... Un peu de douleur, un peu de plaisir... Je ne lui aurai donné que cela... que cela" » (p. 188)

- Mettez en évidence la modernité de ce roman, du point de vue stylistique et du point de vue du récit et des personnages.
- Interprétez la métaphore du titre.

POUR ALLER PLUS LOIN

ÉDITION DE RÉFÉRENCE

- Colette, *Le Blé en herbe*, Paris, Flammarion, 1990.

SUR LEPETITLITTÉRAIRE.FR

- Fiche de lecture sur *Dialogues de bêtes* de Colette

Retrouvez notre offre complète sur lePetitLittéraire.fr

- des fiches de lectures
- des commentaires littéraires
- des questionnaires de lecture
- des résumés

ANOUILH
- Antigone

AUSTEN
- Orgueil et Préjugés

BALZAC
- Eugénie Grandet
- Le Père Goriot
- Illusions perdues

BARJAVEL
- La Nuit des temps

BEAUMARCHAIS
- Le Mariage de Figaro

BECKETT
- En attendant Godot

BRETON
- Nadja

CAMUS
- La Peste
- Les Justes
- L'Étranger

CARRÈRE
- Limonov

CÉLINE
- Voyage au bout de la nuit

CERVANTÈS
- Don Quichotte de la Manche

CHATEAUBRIAND
- Mémoires d'outre-tombe

CHODERLOS DE LACLOS
- Les Liaisons dangereuses

CHRÉTIEN DE TROYES
- Yvain ou le Chevalier au lion

CHRISTIE
- Dix Petits Nègres

CLAUDEL
- La Petite Fille de Monsieur Linh
- Le Rapport de Brodeck

COELHO
- L'Alchimiste

CONAN DOYLE
- Le Chien des Baskerville

DAI SIJIE
- Balzac et la Petite Tailleuse chinoise

DE GAULLE
- Mémoires de guerre III. Le Salut. 1944-1946

DE VIGAN
- No et moi

DICKER
- La Vérité sur l'affaire Harry Quebert

DIDEROT
- Supplément au Voyage de Bougainville

DUMAS
- Les Trois Mousquetaires

ÉNARD
- Parlez-leur de batailles, de rois et d'éléphants

FERRARI
- Le Sermon sur la chute de Rome

FLAUBERT
- Madame Bovary

FRANK
- Journal d'Anne Frank

FRED VARGAS
- Pars vite et reviens tard

GARY
- La Vie devant soi

AUDÉ
- La Mort du roi Tsongor
- Le Soleil des Scorta

AUTIER
- La Morte amoureuse
- Le Capitaine Fracasse

AVALDA
- 35 kilos d'espoir

DE
- Les Faux-Monnayeurs

ONO
- Le Grand Troupeau
- Le Hussard sur le toit

RAUDOUX
- La guerre de Troie n'aura pas lieu

OLDING
- Sa Majesté des Mouches

RIMBERT
- Un secret

MINGWAY
- Le Vieil Homme et la Mer

SSEL
- Indignez-vous !

MÈRE
- Odyssée

GO
- Le Dernier Jour d'un condamné
- Les Misérables
- Notre-Dame de Paris

XLEY
- Le Meilleur des mondes

NESCO
- Rhinocéros
- La Cantatrice chauve

RY
- Ubu roi

NI
- Art français de la guerre

JOFFO
- Un sac de billes

KAFKA
- La Métamorphose

KEROUAC
- Sur la route

KESSEL
- Le Lion

LARSSON
- Millenium I. Les hommes qui n'aimaient pas les femmes

LE CLÉZIO
- Mondo

LEVI
- Si c'est un homme

LEVY
- Et si c'était vrai...

MAALOUF
- Léon l'Africain

MALRAUX
- La Condition humaine

MARIVAUX
- La Double Inconstance
- Le Jeu de l'amour et du hasard

MARTINEZ
- Du domaine des murmures

MAUPASSANT
- Boule de suif
- Le Horla
- Une vie

MAURIAC
- Le Nœud de vipères

MAURIAC
- Le Sagouin

MÉRIMÉE
- Tamango
- Colomba

MERLE
- La mort est mon métier

MOLIÈRE
- Le Misanthrope
- L'Avare
- Le Bourgeois gentilhomme

MONTAIGNE
- Essais

MORPURGO
- Le Roi Arthur

MUSSET
- Lorenzaccio

MUSSO
- Que serais-je sans toi ?

NOTHOMB
- Stupeur et Tremblements

ORWELL
- La Ferme des animaux
- 1984

PAGNOL
- La Gloire de mon père

PANCOL
- Les Yeux jaunes des crocodiles

PASCAL
- Pensées

PENNAC
- Au bonheur des ogres

POE
- La Chute de la maison Usher

PROUST
- Du côté de chez Swann

QUENEAU
- Zazie dans le métro

QUIGNARD
- Tous les matins du monde

RABELAIS
- Gargantua

RACINE
- Andromaque
- Britannicus
- Phèdre

ROUSSEAU
- Confessions

ROSTAND
- Cyrano de Bergerac

ROWLING
- Harry Potter à l'école des sorciers

SAINT-EXUPÉRY
- Le Petit Prince
- Vol de nuit

SARTRE
- Huis clos
- La Nausée
- Les Mouches

SCHLINK
- Le Liseur

SCHMITT
- La Part de l'autre
- Oscar et la Dame rose

SEPULVEDA
- Le Vieux qui lisait des romans d'amour

SHAKESPEARE
- Roméo et Juliette

SIMENON
- Le Chien jaune

STEEMAN
- L'Assassin habite au 21

STEINBECK
- Des souris et des hommes

STENDHAL
- Le Rouge et le Noir

STEVENSON
- L'Île au trésor

SÜSKIND
- Le Parfum

TOLSTOÏ
- Anna Karénine

TOURNIER
- Vendredi ou la Vie sauvage

TOUSSAINT
- Fuir

UHLMAN
- L'Ami retrouvé

VERNE
- Le Tour du monde en 80 jours
- Vingt mille lieues sous les mers
- Voyage au centre de la terre

VIAN
- L'Écume des jours

VOLTAIRE
- Candide

WELLS
- La Guerre des mondes

YOURCENAR
- Mémoires d'Hadrien

ZOLA
- Au bonheur des dames
- L'Assommoir
- Germinal

ZWEIG
- Le Joueur d'échecs

Et beaucoup d'autres sur lePetitLittéraire.fr

© **lePetitLitteraire.fr, 2015. Tous droits réservés.**

www.lepetitlitteraire.fr

ISBN version imprimée : 978-2-8062-6645-3
ISBN version numérique : 978-2-8062-6644-6
Dépôt légal : D/2015/12603/277

Conception numérique : Primento,
le partenaire numérique des éditeurs